DIETRICH GRUND

GRÜNWALD

© 2024 Dietrich Grund
Verlag: BoD · Books on Demand GmbH,
In de Tarpen 42, 22848 Norderstedt, bod@bod.de
Druck: Libri Plureos GmbH, Friedensallee 273,
22763 Hamburg
ISBN: 978-3-7693-1936-1

Grünwald

Grünwald ist heute für viele Menschen ein Synonym für Reichtum. Vor 100 Jahren war Grünwald noch ein Bauerndörfchen wie viele …

Karl Valentin (alias Valentin Ludwig Fey, 1882–1948) behauptete in Grünwald im Isartal hätten früher „edle Ritter g´haust". Das stimmt nicht ganz. Aber immerhin, es waren Grafen und Herzöge, die hier dem Jagdvergnügen oblagen und auch Politik machten…

Das Portal

Inhalt

Vorzeit

Geologen beschreiben so die Anfänge: *„Die Landschaft Südbayerns … wurde und wird geprägt durch das junge Faltengebirge der Alpen. In der ausgehenden Tertiärzeit [vor 2,5 Millionen Jahren] brachten breite Flüsse den Verwitterungsschutt des langsam aufsteigenden Gebirges ins Vorland. In der nachfolgenden Quartär-Zeit … quollen die Eismassen der Gletscher mehrfach aus den Alpentälern und lieferten wiederum Gesteinsschutt weit in das Vorland ... Die von Gletscherschmelzwässern aus den Moränenwällen nordwärts ausgewaschenen Schotter aber formten die weite Ebene um München."*[1]

---

[1] Broschüre „Sand, Kies und Knochen, München 1978, S. 4

Vor 10.000 Jahren, mit dem Ende der Eiszeit, erhielt die Landschaft dann mit den Moränenhügeln, den Mooren und Schotterflächen und den wenigen Gewässern ihre kaum noch veränderte Gestalt.

Grünwald Parkgarage, Grabungen 2000 u. 2009, Urnenfelderzeit 13. bis 9. Jahrhundert vor Christus[2]

In der Schotterebene entwickelten sich nach Moosen, Flechten, Büschen schließlich

---

[2] Carola Metzner-Nebelsick (Hg.), Einblicke in die Vorgeschichte Grünwalds, München 2016

riesige Wälder. Grabungen im Bereich des Gymnasiums im Jahr 2013 zeigten sog. Hockergräber aus der Bronzezeit (2200-1500 v. Chr.). Danach lösten sich in ununterbrochener Folge Hügelgräber, Urnengräber und die Reihengräber des Frühmittelalters ab.

Frühgeschichte

Kurz vor Christi Geburt hatten die Römer das Voralpengebiet erobert. Die Provinz nannten sie *Raetien* nach dem hier ansässigen Stamm der *Räter.* Vom späteren Augsburg ausgehend bauten sie zur Landeserschließung und als Transportwege drei ostgerichtete Staatsstraßen. Teilweise benutzten sie dabei Trassen der Vorzeit.

Die Hauptstraßen kreuzten bei Grünwald, Oberföhring und Freising die Isar.

Nach dem Abzug der Römer herrschte für knapp 50 Jahre (489-536) eine bedeutende ostgotische, arianische Fürstenfamilie beim heutigen Unterhaching über unser Gebiet. Ihre überreich ausgestatteten Gräber wurden dort gefunden[3].

536 übergab der Ostgotenkönig das ehemals römische Rätien an die Könige des aufstrebenden Frankenreiches, die sich aus macht-politischem Kalkül taufen ließen. In dem Gebiet (Dukat) regierte um 550 im Auftrag des Frankenkönigs Childebert I.

---

[3] Archäologische Staatssammlung, Katalog der Ausstellung Karfunkelstein und Seide, München 2010

reg. 511 - 558) der „fränkische Dux Garibald (nach 500 - 593)."[4]

Er gebot über alles Land einschließlich der Wälder, die großteils zu königlichen Forsten erklärt wurden. Hier durfte nur der Adel jagen, während den Bauern lediglich erlaubt war, ihr Vieh zum Grasen in den Wald zu treiben.

Grünwalder Forst

4   Gertrud Diepolder, Das Hachinger Tal – Fiskus Haching in Bayerische Vorgeschichtsbl. Jg. 75, München 2010, S. 189

Aus „Zugeroasten" formte sich seit der Mitte des sechsten Jahrhunderts innerhalb weniger Jahrzehnte der Stamm der Bajuwaren[5].

„Landnahme, Landesausbau und Rodung folg[t]en hier rasch aufeinander (Diepolder)." Sie war im Wesentlichen am Ende der Agilolfingerzeit im Jahr 788 abgeschlossen.

Die Agilolfinger waren eine königsnahe, großfränkische Adelsfamilie. Sie stellte in Bayern und Schwaben die frühen Herzöge. Sie erschlossen durch Herzogshöfe und neue Klöster das Land.

Tassilo III. (748 – 788) regierte wie ein König. Er besiegte die heidnischen Karantanen und erweiterte sein Herrschaftsgebiet nach Süden und Osten.

---

[5] Brigitte Haas-Gebhart, Die Baiuvaren, Verlag Fr. Pustet, Regensburg 2013

Der erste bekannte Bayernherzog in der Mitte des 5. Jahrhunderts war Garibald. Im Jahr 716 bekam Herzog Theodo vom Pabst die Erlaubnis in Salzburg, Regensburg, Freising und Passau Bistümer zu errichten. Der Wanderbischof Korbinian wirkte ab 724 (vor 1300 Jahren) in Freising.

Missionszeit

Um das Jahr 720 nach Christus rief Herzog Grimohald II. (reg. 702 - 723) den Wanderbischof Korbinian an seinen Hof in Freising. Korbinian wurde um 670 – 680 bei Paris geboren und starb um 724 – 730 in Freising. Seine Mutter war Irin, der Vater ein Franke. Das Jahr 720 gilt als Gründungsjahr des Bistums Freising, welches sich zu einem bedeutenden christlichen Zentrum entwickelte. Er begründete auch das Kloster in Kues (Südtirol). Die Legende sagt, ein Bär habe das Pferd des Heiligen getötet und zur Strafe musste dann der Bär sein Gepäck tragen.

Bonifatius, „der Apostel der Deutschen" und Nachfolger Korbinians (um 673 bis um 754), bewegte Papst Leo III. (res. 795 – 816) das Erzbistum Salzburg zu errichten und ihm die Bistümer Freising, Neuburg, Passau, Regensburg und Säben (Südtirol) zu unterstellen.

Unter dem drittnächsten Nachfolger Arbeo (764 – 783) erlebte die Diözese eine erste Blüte. Laut einer der Freisinger „Traditionen"

(Schenkungsbücher) weihte der Kirchenherr 778 persönlich die Kirchen in Pullach und Oberbiberg. Sie wurden mit ihrem Besitz an die Zentralkirche in Freising überschrieben.

.

Gaudi-Floßfahrt Wolfratshausen - München

Zusammen mit „Genossen" hatten Rihheri und Wuolfhart die Eigenkirche in Oberbiberg gebaut, Husina und Irminpald das Gotteshaus in Kreuzpullach.[6] Eine stattliche Reihe von Adeligen beurkundete die Schenkungen der „Privatkirchen".

Die Freisinger Bischöfe erwarben nach und nach einen beträchtlichen Grundbesitz. Sie zählten Ländereien im Süden bis zur Halbinsel Istrien ihr Eigentum.

Zwei Brüder aus dem Geschlecht der Agilolfinger, die Gefolgsleute von König Pippin (reg. um 714 - 768) gewesen waren, gründeten um 750 das königliche Kloster Tegernsee. Die Abtei konnte im Namen des Königs Ländereien oder Holz- und Jagdprivilegien

---

[6] Karl Hobmair, Hachinger Heimatbuch, S. 33

an Gefolgsleute, Grafen und Herzöge ver-
geben.

Das Kloster besaß auch den Grünwalder
Forst und die Wasserrechte am Hachinger
Bach, der den Wald durchquert. Der Schrei-
ber des Klosters Tegernsee hatte 1358
nachträglich in einem Besitzverzeichnis
festgehalten: *„Item die hochgebohren Fürsten und Herren pp Herzogen im oberen
Bayern"* erhalten den *„Wiltpann auf dem
Sundergaue."* Dieser erstreckte sich vom
Gebirge im Süden bis zum Erdinger Moos
und von der Isar wohl bis zu den Hügeln vor
dem Flüsschen Glonn.

Tegernsee ist Reichskloster gewesen: Der
Wildbann, also das ausschließliche, hoch-
herrschaftliche Jagdrecht, war demgemäß

ein königliches Privileg, die Verleihung ein königlicher Rechtsakt.[7] Das Kloster wurde nach gut tausend Jahren im Zuge der Säkularisation 1803 aufgehoben.

Mittelalter

„Grabungen im südlichen Teil des Burghofs, auf Veranlassung von Prof. Dr. Ludwig Wamser (geb. 1945) im Jahr 2002 durchgeführt, entdeckten mittelalterliche Spuren aus dieser Zeitperiode," dem 8./9. Jahrhundert. Dort stand der Pallas, später als Eckturm der Burganlage dienend. Er wurde 1680 abgebrochen.[8]

Aus dem frühen Mittelalter sind nur wenige Dokumente überliefert. Etwa um das Jahr

---

[7] Gertrud Diepolder, Das Hachinger Tal […], S. 184
[8] Mitteilung von Wolfgang Kuny, Grünwald

1000 änderte sich dies. 1003 wird Graf Friedrich I. (+ 1027) genannt, der im Hachinger Tal Gericht hielt.

1052 bestätigt Kaiser Heinrich III. (reg. 1016 - 1056) dem Stift St. Veit in Freising den Besitz des Gotteshauses in Haching mit drei Huben, Menschen und Zehntrechten.

Diese Höfe besaß St. Veit noch 1803: sie lagen in Taufkirchen. Es handelt sich um den „Markl", die Bachmühle und den abgegangenen „Kanzler" auf dem linken Ufer des Hachinger Baches.

Graf Otto II. (1062 – 1122), ein Enkel Friedrichs I. verlegte den Gerichtsort nach Thanning.[9] 1091 lud er aber zu einem

---

[9] S. Stammtafel der Andechs-Meranier in Herzöge und Heilige […] Ausstellungskatalog HdBG 1993, S. 272

Gerichtstag nach Unterbiberg ein, zu einem *concilium pro communi terra* (Versammlung aller Männer in der Grafschaft).

Daran nahm auch die ganze *familia sancti Quirini* teil, denn der Graf musste sich irgendwie mit dem mächtig gewordenen Kloster Tegernsee arrangieren. Der heilige Quirin, dessen Reliquien man in Rom erworben hatte, ist bis heute der Patron der Abtei.

Das Grafengeschlecht ließ 1116 bei Wolfratshausen eine Burg errichten, die 1133 abbrannte und bis 1145 wiederaufgebaut wurde. Nach einer wechselhaften Geschichte und einer Pulverexplosion trag man 1734 die Ruine vollständig ab.

Ab 1120 wurden die Andechser Grafen Klostervögte in Tegernsee, also die mächtigen Vertreter der Abtei in weltlichen Dingen. Nicht zuletzt diese Vogtei befähigte die Grafen, zu einer der bedeutendsten Familien des Reiches aufzusteigen und gleichrangig mit den oberbayrischen Herrschern als Herzöge von Meranien (Meerland = Adria) aufzutreten. Dabei stützten sie sich außerdem auf ihren Besitz der heimischen Grafschaften Wolfratshausen und Andechs sowie großer südeuropäischer Territorien.

1150 und 1186 wurde in Dokumenten des Klosters Tegernsee die aus wenigen Häusern bestehende Ortschaft Harlaching (alias *Hadaleichingen*) beim St-Anna-

Kircherl über dem heutigen Tierpark genannt.[10] 1793 ließ dort der adelige Hofbeamte Markus Christoph Mayr das Schloss Harlaching vom Schweizer Architekten Enrico Zuccalli (1642 – 1724) errichten.[11]

Harlaching, das aus wenigen Höfen bestand, bildete seit dem Mittelalter eine Hofmark und 1818 - 1848 ein „Patrimonialgericht"; also ein Gerichtsbezirk des Grundherren, hier der Abtei Tegernsee. Ihr gehörte der Ort spätestens seit 1186.

---

[10] Wilhelm Volkert (Hg.) Handbuch der Ämter […] C. H. Beck, München 1988, S. 601
[11] Wikipedia: Schloss Harlaching

Wallfahrtskirche St. Anna

Zu der Hofmark zählten die Dörfer Geiselgasteig, Harthausen, Hellabrunn, Laufzorn,
Siebenbrunn und Wörnbrunn. In der Neuzeit
kamen die Einöden Oberdill, Brunnhaus und
Sauschütt dazu.
Die Wasserfälle des barocken Schlossgar-
tens von Harlaching ergossen sich bis zur

„Marienklause" am Südende des heutigen Münchner Tierparks. Bereits um 1800 zerstörten zwei Brände das Schloss vollständig.

Johann Georg von Dillis, Schloss Harlaching 1793

Zurück ins Mittelalter: Zwischen 1148 und 1156 übergab „Judita de Toufchirchen" mit Zustimmung ihres Sohnes Heinrich ihre Tochter zusammen mit einem Hof *„in dem*

Ort, der Toufchirchen genannt wird", an das Kloster Weihenstephan.

1140 hatte Judita dem Kloster Ebersberg mit Zustimmung ihres Verwandten, dem Pfarrer Adalbero in Oberhaching, ein Gut in Fürmoosen bei Moosach geschenkt. In einem Urbar (Besitzverzeichnis) des Klosters Tegernsee aus dem Jahr 1289 heißt es, die *mater taufkirchorum* besitze eine Hofstatt in Haching. Sie war wohl die Mutter des bekannten, fälschlich als Ritter bezeichneten, Hilprant Taufkircher (um 1330 – 1381).

Die Bischofskirche in Freising vermeldete 1180 folgende Einkünfte aus HACHING: Oberhaching gibt ein Drittel seiner Feldfrüchte, Unterhaching liefert zwei Mastschweine, Gänse und Hühner, Taufkirchen gibt Lebensmittel für den Pfarrer in Oberhaching.

Laut Diepolder[12] errichtete man die bischöflichen Eigenkirchen in Oberhaching und Taufkirchen bereits um 740. Im Jahr 778 weihte Bischof Arbeo wie beschrieben die adeligen Eigenkirchen in Kreuzpullach und Oberbiberg.

Die erste Kirche in Grünwald ist wohl als adelige Eigenkirche des Grundherrn im frühen Mittelalter erbaut worden. Der Grundherr finanzierte den Bau und setzte wie üblich einen Priester aus seiner Verwandtschaft ein. Zum Unterhalt wurde er mit einem „Bauernsachl" ausgestattet.

---

[12] Gerdrud Diepolder, Die Anfänge von Haching in […], Lebendige Heimat Oberhaching 1999, S. 311

St. Peter u. Paul, Hochzeichnung des Verfassers aus
Philipp Trogs Gesamtansicht von Grünwald um 1790

Irgendwann in dem langen Zeitraum
1005 – 1052 erfolgte die Übergabe des
Gotteshauses in Taufkirchen mit Pfarrhof,
Wiesen und Feldern an das Gotteshaus in
Freising/Weihenstephan.
Kaiser Heinrich III. bestätigte 1052 diese
Inkorporation: *„Ich Heinrich von Gottes
Gnaden bestätige […] die dritte Kirche in*

dem Ort Hachingun genannt mit dem Zehend und drei Huben und Leibeigenen […]. Was also die Bischöfe Nitker und Engilbert auf dem Altar des heiligen Vitus übergeben haben, bestätige ich mit meiner kaiserlichen Autorität dem Altar und den Brüdern die dort Gott dienen."

Unterhalb des Weihenstephaner Berges hatte Bischof Hito (um 810 – 835) im Jahr 833 ein Kloster gegründet. Es wurde dann in ein Chorherrenstift und im Jahr 1020 in ein Benediktinerkloster verwandelt.
Bischof Albert II, (res. 1349 – 1359) gab 1356 die Kirche St. Stephan in Oberhaching an das Domkapitel, die autonome

Versammlung der Domherren, des Stiftes St. Andreas in Freising.[13]

Das Gotteshaus in Grünwald war sicher zunächst ein Holzbau. Das nachfolgende Gebäude wurde wohl im 12. Jahrhundert als Chorturmkirche erbaut. Das bedeutet, dass man den Chor und darüber im Osten ein „Obergeschoss" als Turmstumpf errichtete.

Noch im 20. Jahrhundert hatte das kleine Gotteshaus keinen „richtigen" Turm. Die erhaltene mittelalterliche Kirche wird so beschrieben: *„Der quadratische, leicht eingezogene Chorraum befindet sich im Sockelgeschoss eines früheren Turmbaus.*

---

[13] Hachinger Heimatbuch S. 85

Der Turm hatte einen kurzen Schaft und war mit der Glockenstube mit nur zwei nach Süden und Norden geöffneten gerundeten Schall-fenstern unter dem steilen Satteldach abgeschlossen … Das Kirchenschiff wurde über je zwei Fenster, der Chor über ein Ost-fenster belichtet"[14].

Als Patron der Kirche wird 1470 St. Peter und dazu ab 1720 St. Paul genannt. Laut einer bischöflichen Urkunde unterstanden der bischöflichen Eigenkirche St. Stephan in Oberhaching im Jahr 1315 acht Dorfkirchen, darunter Grünwald.

Der ursprüngliche Name des Ortes war Derbolfing. Er besteht aus den Teilen derb = kriegerisch, feindlich, olf = Wolf und der

---

[14] Wolfgang Kuny Grünwald, in einer unveröffentlichten Mitteilung

Silbe ing, die etwa Familie, Clan bedeutet. Der Name lässt sich dann deuten als *„Leute des wilden Wolfes"*.[15] Er begegnet uns erstmals im Jahr 1048. Damals bezeugt ein Hartuwich de Derbolfinga die Schenkung des Freien Helmbreht an das Kloster Tegernsee. Um 1170 übereignet Mathilde von Laufzorn dem Kloster Schäftlarn ein Gut in Derbolfingen.

Um 1160 – 1204/10 residierten Trageboto Zirke und Ulrich von Vellenberg (Tirol) auf der Burg. Sie waren Ministerialen (Beamte) des Grafen von Andechs,.[16] Im Auftrag der Freisinger Bischöfe nehmen sie die Aufgaben von Vögten war, also die weltlichen

---

[15] Karl Hobmair, Hachinger Heimatbuch, S. 64
[16] 1314 werden Albrecht und Arnulf als Landrichter im Inntal/Tirol erwähnt.

Zuständigkeiten. Das sind hier: die Rechte an den Wäldern zwischen Isar und Hachinger Bach. Dazu die Kontrolle des Güterverkehrs auf der Isar und den Uferwegen unterhalb der Burg und des Isarübergangs (Grünwald-Pullach). Ein Zöller hatte hier sein Häuschen und nahm die Maut und die Gebühr für die Isarquerung ein.

1180 wurde Pfalzgraf Otto von Wittelsbach mit dem Herzogtum *Baiern* belehnt. Die Grafen von Andechs, die leer ausgegangen waren, wurden nun ihre erbitterten Feinde. 1245 starb jedoch das Andechser Grafengeschlecht aus und Derbolfing ging in den Besitz der wittelsbachischen Herzöge über.[17] Kurz vor 1272 wurde die Burg zusätzlich befestigt.

Der Name Grünwald taucht 1288 in der Zeugenliste auf, als Eberhard von Hornstein (aus Hornstein bei Wolfratshausen) das Gut „Gensfuss" in Furth dem Kloster Schäftlarn schenkte.

1293 tauscht Herzog Ludwig II. (1229 – 1294) von dem Tegernseer Abt Marquart von Vöring (reg. 1287-1323) eine Hube in Dettenhausen/Egling bei Wolfratshausen gegen den Maierhof des Klosters in Grünwald: *„curiam nostram in Gruenenwalde"*.[18]

---

[17] Rupert Gebhard (Hg.) Burg Grünwald – Burgen in Bayern, S. 14
[18] Hachinger Heimatbuch, S. 67

Die Herzöge hatten bis dahin den Großteil der Bauernhöfe im Dorf und den Gutshof auf der Felsenspitze über der Isar erworben.
Der Ort wird jetzt von den Landesherren zur Hofmark aufgewertet. Diese ist üblicherweise verbunden mit der „niederen Gerichtsbarkeit" bei Ausschluss der Kapitalverbrechen.

Spätestens 1405 gab es auf der Burg eine Kapelle, einen Schlosskaplan und das dazugehörige Benefizium, die Pfründe. In jenem Jahr stifteten die gemeinsam regierenden Herzöge Ernst (1373-1438) und Wilhelm III. (1375-1435)
„Ain Ewig Möß in unser Capellen in der Vesten zu dem Grienwaldt".

Das dabei errichtete Benefizium war zugunsten des Schlosskaplans „unterfüttert" mit einem Anteil am Brückenzoll vom Isartor in München. Grünwald zählte damals etwa 150 „Seelen".

Neuzeit

1522 fand - als Reaktion auf Martin Luthers Reformationsaufruf von 1517 - hier ein Ereignis von europäischem Rang statt: die *„Grünwalder Konferenz"*. Sie markiert den Beginn der Gegenreformation in Deutschland und Österreich.

Bei dieser Zusammenkunft vereinbarten die gemeinsam regierenden Brüder Wilhelm IV. (1508 – 1550) und Ludwig X. (1495 – 1545), dass Bayern dem alten Glauben treu bleiben werde. Gleichzeitig aber forderten sie mit großem Widerhall in Deutschland und Östereich tiefgreifende Reformen in Rom.

2022 erinnerte Grünwald auf Anregung des Heimatforschers Wolfgang Kuny mit zahlreichen Fachvorträgen und einer Ausstellung an die 500. Wiederkehr der Konferenz.

Um 1600 hatte Fürstbischof Veit Adam (um 1580 – 1651) die Pflichten des Burgpfarrers festgelegt. Er musste wöchentlich drei Messen in der Schlosskapelle St. Georg lesen und an den Feiertagen die Gottesdienste in der Dorfkirche halten. Außerdem sollte er samstags das Salve singen und sonntags die Wasserweihe vornehmen.

Burg Grünwald heute

Um 1680 wurde jedoch die Schlosskapelle abgebrochen und alle Gottesdienste fanden in der Dorfkirche statt.

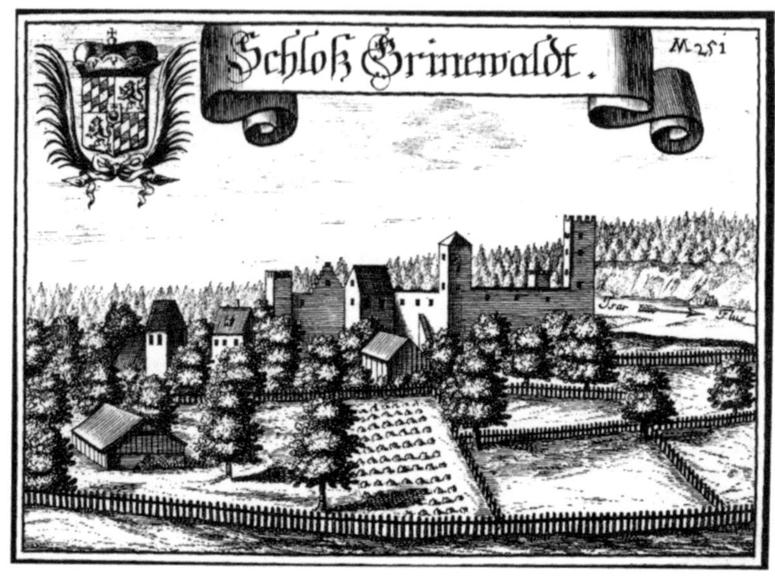

Michael Wening

Schloss Grünwald um 1700

Der Pfarrherr des historischen „Pfarrver-
bandes Oberhaching" musste für Taufen und
als „Sterbebegleiter" im Sommer wie Winter
weite Wege zu den verstreuten Filialkirchen
Unterhaching, Taufkirchen, Grünwald, Arget,
Laufzorn, Pullach, Lanzenhaar und Kirch-
stockach gehen. In Laufzorn stand schon

um 800 eine Kapelle. Die Benefiziaten in den Dörfern durften nur Nottaufen und Andachten durchführen.

Der Benefiziat der Kirche St. Peter und Paul in Grünwald hatte ab 1841 das Taufrecht. Erst 1922 erhielt Grünwald von Erzbischof Michael Faulhaber (reg. 1917 - 1952) alle liturgischen Rechte verliehen und wurde so aus der Abhängigkeit von Oberhaching entlassen.[19]

Für Sex vor der Ehe, die sog. Leichtfertigkeit, galt bis 1818 die Strafandrohung des Bayrischen Landrechts von 1616.

Am 21.10.1775 forderte der Hofmarksrichter den Amtmann und Gendarmen auf, die

---

[19] Pfarrarchiv Grünwald, Pfarrerhebungsurkunde 1922

schwangere, ledige Therese Lenz festzunehmen. Sie war beim Benefiziaten in Grünwald, danach beim Stumpfbauer Peter Streidl im Dienst gestanden. Therese musste sich vor Gericht verantworten. Die übliche Strafe war das Stehen in der „Schandgeige" und die Zahlung einer Geldbuße von 2 Pfund Pfennigen.

Die Burg

Die Anfänge der Burg Grünwald sind rätselhaft. Vielleicht begann die Geschichte um 700, als die Villikations-Verfassung sich im Fränkischen Reich verbreitete. Wahrscheinlich hatte der erste Hof auf dem Felsen über der Isar den Charakter einer solchen Villikation. Sie bestand aus dem

Fronhof des Grundherrn und den von Unfreien bewirtschafteten Kleinbetrieben (Hufen). Die Bauern mussten dem Herrn Abgaben und Frondienste leisten und unterstanden seiner Gerichtsbarkeit. Sie genossen aber auch in Notzeiten seinen Schutz. In Grünwald sind *Kuznbauer, Stumpfbauer, und Schweindlhof* als Hufen anzusehen[20].

In einer Urkunde heißt es: Bischof Nitker von Freising (res. 1039 - 1052) übergibt *pontem ac portum* (Brücke und Hafen) bei Pullach-Grünwald dazu Leibeigene durch seinen adeligen Vogt Sigehard an einen unbekannten Nachfolger[1].

---

[20] Mitteilung von Wolfgang Kuny

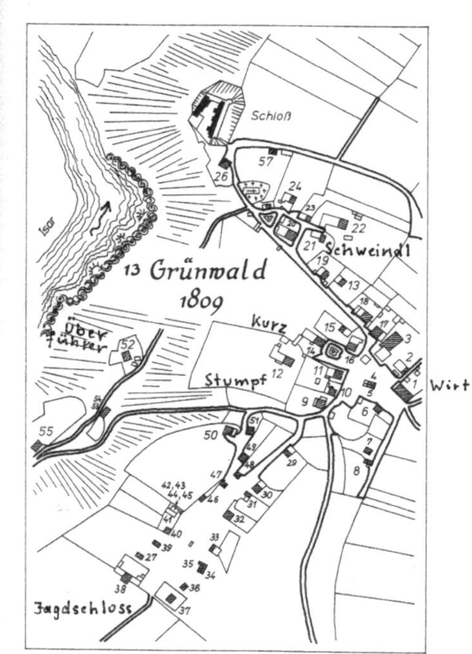

Lageplan Grünwald 1809[21]

Sollte *„pontem"* noch die Brücke der Römer gewesen sein, die - wie erwähnt - in der Nähe für ihre Reichsstraße von Augsburg ins Donaugebiet bereits einen Übergang gebaut und mit danebenliegender Wach- und Straßenstation gesichert hatten?

Um das Jahr 1320 entstand das Amt eines „Jägermeisters in Oberbayern". Kaiser Ludwig IV. („der Bayer", reg. um 1285-1347) belehnte 1329 Konrad Kummersbrucker (res. um 1306-1379) mit dem Jägermeisteramt in Oberbayern *„mit Geleit, Gericht, Holzhabern"* und allen Forstrechten. Zu seinen Rechten zählte das „Blutgericht" über Jäger, Forster und die *„Pirscher"*, das sind die Treiber, die das Wild „aufstöberten". Konrad war zugleich Ritter und Pfleger in Rattenberg und Herr von Kundl in Tirol. Er ließ ein gewaltiges Besitzregister erstellen, das ihn als Multimillionär seiner Zeit ausweist. Kummersbrucker vertrat auch Ludwig IV. in Avignon, um vom Papst die Annulierung des Bannes gegen den Kaiser zu erreichen. Der

Papst saß damals in Avignon, da in Rom ein Gegenpapst residierte.

Konrad erhielt als Residenz das *„haus zem guenen walde"*, da wo jetzt das Schlosshotel steht. Er hatte Kaiser Ludwig auf seinem drei Jahre dauernden Italienzug begleitet. Er war vom ihm - der auch sein Schuldner gewesen ist - zum Ritter geschlagen worden. Er stammte aus Kümmersbruck bei Amberg. Nach Konrads Tod erhielt sein Sohn Hans (reg. 1379-1393) das Amt. Dieser stiftete 1387 ein Spital und ein Augustinerkloster in Rattenberg/Tirol.

Rattenberg/Tirol, Ehepaar Konrad und
Anna Kummersbrucker

Nach dem Ableben von Hans Kummersbrucker ließen die bayerischen Herzöge die
Burg durch Pfleger verwalten. 1587 heißt es
beispielsweise, dass Wenzeslaus Vogl das
Amt übertragen wird. Als Besoldung erhielt
der Jägermeister Anteile an Strafgeldern, die
bei Prozessen in Grünwald, Wörnbrunn und
Hofolding anfielen, dazu jährlich 28 Scheffel

(1 Sch. = ca 150 Kg) Getreide und zwei An-
züge aus der Hofschneiderei.[22]

Der Kaiser hatte seiner zweiten Ehefrau
Margarete I. von Holland (um 1310-1356)
die Burg Grünwald als Witwensitz über-
lassen. 1347 trat sie mit ihren sechs Söhnen
(und den fünf Töchtern als stumme Zeugen)
zu einer *„Erbeinigung"* zusammen. Dabei
wurde die gemeinsame Nutzung der Jagd-
häuser in Grünwald und Wolfstein bei
Landshut vereinbart *„zu iaid und zu andrer
churtzweil".* Sechs befreundete Adelige
wurden auserkoren, bei Streitigkeiten ein
Schiedsgericht zu bilden.[23]

---

[22] Karl Hobmair, Hachinger Heimatbuch, S. 394
[23] Joachim Wild […] Führer durch die Geschichte der Burg Grünwald, Süddeutscher Verlag 1979

Baustoff Holz

Im 15. Jahrhundert bauten die Landesherren München zur Hauptstadt aus. Dazu benötigte man viel Holz. Man fällte die geeigneten Nadel- oder Laubbäume in den Alpen und transportierte die Stämme in Floßform Isar und Mangfall abwärts.

Ein erstes Zeugnis für die Flößerei stammt von Bischof Arbeo von Freising (723 – 784) zu einem Ereignis aus dem Jahr 652. Damals war der hl. Emmeram in Helfendorf bei Aying gemartert und sein Leichnam auf einem Floß über Isar und Donau nach Regensburg transportiert worden.

Der älteste Nachweis der Flößerei aus Wolfratshausen stammt von 1310.

Herzog Albrecht IV. (reg. 1447-1508) erließ 1476 ein *„Landgebot"* zunächst speziell für das Tölzer Gericht. Da die Waldungen dort erschöpft waren, legte er fest: Ein Floß, das zur Holznutzung aus dem Gebirge Richtung München bewegt wird, darf die Größe von 20 x 38 Schuh (je 29,2 cm) nicht überschreiten. Die Stämme müssen mindestens 28 cm dick und 11,10 m lang sein. Der Bau von Stangenzäunen ist verboten. Latten sollen aus Randstücken der Stämme gesägt werden. Flächenrodungen in den Alpen sind untersagt. 1516 hatte Herzog Wilhelm IV. (reg. 1493-1550) verkündet, dass kein Bauer mehr Holz schlagen dürfe, als er zur Notdurft (Eigenbedarf) des Hofes braucht.[24]

---

[24] Mooseder, G. (1990), S. 348

1501 regelte das herzogliche *Kuchlholzbuch* die Versorgung des landesherrschaftlichen Hofes. In Unterbiberg musste beispielsweise ein Maierhof, 7 Huben und 2 Lehen Brennholz nach München liefern.[25]

Barbara Hoyer 1999, Der Flößer

---

[25] Katja Kleh, Herrman Rumschöttel, Unterbiberg – Neubiberg, Gemeinde Neubiberg München 2010, S. 90

Hölzer von bis zu zwei Meter Länge zum Heizen aus dem Isarwinkel ließ man lange Zeit einfach mit der Strömung Richtung München treiben. Dort wurden sie bis ins 19. Jahrhundert hinein in einem „Abrechen" aufgefangen.

Ab dem 15. Jahrhundert wurde der Wald zunehmend als Weidefläche benutzt. Die Bauern aus über 20 Gemeinden von Perlach bis Oberbiberg trieben im Herbst ihre Schweine in den Perlacher Forst. Die Tiere mussten mit den Zeichen der Besitzer ge-brandmarkt sein.

Der Herzog schrieb 1494: „Vermerkt mein Jacob Tauner, Castners zu Münchn (soll) einnehmen an allem techel (Schweinemast-geld) von dem grunwalder vorst … von *eines zigl saw (Zuchtsau) fünf pfenyng …*

und von einer genomen oder kauf saw zwelif

pfenyng.“[26]

Aber auch Kühe, Pferde, Schafe und Ziegen wurden in die Holzwiesen getrieben. Die Tiere fraßen Eicheln, Bucheckern, Nüsse, Wildobst, Wurzeln und Kleintiere aus dem Waldboden.

Bereits um 1500 wurden in München in einem Jahr 14.000 Festmeter Holz aus den Alpen angelandet.[27] Ab Mittenwald transportierte man auf den Flößen auch Warengebinde wie Weinfässer aus Südtirol. Oder auch Umzugsgut von Auswanderern, für welche zweimal wöchentlich ein Floß

---

[26] Bay. Hauptstaatsarchiv, Herzogtum Bayern, Ämterrechnungen Nr. 1113, Techelgeld 1494
[27] Flößerei im Internet

loslegte, das nach etwa 6 bis 10 Tagen in Wien ankam.

Dort war Weiterfahrt zu neuen Siedlungsgebieten wie die Walachei möglich. Man bestieg in Wien eine der roh gezimmerten „Ulmer Schachteln". Sie wurde am Zielort in die Einzelbretter zerlegt und diese einzeln verkauft.

 Auf der Loisach konnten Flöße ab Garmisch eingesetzt werden, auf der Isar ab Mittenwald. Die Republik Venedig hatte bereits 1487 ihren transalpinen Handelsplatz von Bozen nach Mittenwald verlegt.

1517 heißt es in der herzoglichen Floßordnung: Das Verbot Stangenholz zu gewinnen wird bestätigt. Um den Brennholzbedarf zu reduzieren, darf Tölz höchstens 10 Kalköfen betreiben. In diesen wird der Kalkstein unter Ausscheidung von CO^2 und Zugabe von Wasser zu Malerkalk „gebrannt".

Jeder Bauer darf aber jetzt Holz schlagen, zum Wasser bringen, selbst bewegen oder durch Floßleute befördern lassen, und als Zimmerer- oder Brennholz verkaufen.[28]

Herzog Wilhelm IV. (reg. 1508 – 1550) veröffentlichte 1528 *die „Holtz- und Kolordnung in Obern Bayrn vor dem gebürg an der Yser und Loysach".* Dabei hatte der Landesherr vor allem die Holzversorgung Münchens im Blick, die großteils durch die

---

[28] H. H. Vangerow, Vom Stadtrecht zur Forstordnung, Schriftenreihe des Staatsarchiv München 1976 (?), Misc. Bav. Mon. Heft 66

Flößerei auf Isar und Loisach sichergestellt wurde.

1541 war Wilhelm Röster herzoglicher Ferge (Fährmann) zu Grünwald. Er besaß ein Haus mit Stadel und Stall und 7 Tagwerk Forstwiesen. Röster bezahlte keine Steuer *„umb dass er dem Urfahr abwarth"*. Das heißt er besorgte das Fährgeschäft. Um 1600 erhielt er jährlich 24 Gulden, freie Herberge, den Jahresbedarf an Brennholz, dazu 2 Schäffel Korn und ein Gewand.[29] Er setzte die Jagdgäste des Schlosses und die Bediensteten umsonst über den Fluss. Andere Personen mussten einen Kreuzer für die Überfahrt bezahlen.

---

[29] Karl Hobmair, Hachinger Heimatbuch S. 398

In der Zollordnung von 1635 sind die einzelnen Gebühren für die durchziehenden Flöße genau aufgeführt. Für ein Floß mit Holzfracht sind 8 Pfg. zu zahlen, für eines mit Holzkohle 24 Pfg. Für Südtiroler Wein wurden 90 Pfg. fällig, für das Fass Brandwein 12 Pfg. für Hausrat 20 Pfg.

Bei sichtbar armen Familien darf der Zöllner die Gebühr (leicht) senken.

Philipp Trog, Grünwald um 1790

Im April 1685 passierten zum Beispiel fast 250 Flöße die Isar bei Grünwald. Sie trugen 30 Wagenladungen von 3 bis 6 Zentnern, darunter 6200 Wetz- u. Schleifsteine, zwei Zentner Baumpech, 3 Eimer Bier, 1 Eimer Essig zu 66 Maß, 1050 Rechen dazu Sensen, Sicheln und Heugabeln. 1764 verlegte das Kassenamt die Zollstelle nach München zum Wirtshaus *Zum grünen Baum.* Die Holztrifft hatte vor dem Eisenbahnbau große wirtschaftliche Bedeutung: Im Geschäftsjahr 1864/65 zählte man auf der Höhe von Grünwald rund 10.000 Flöße[30].

Es heißt, dass der Holztransport aus den Alpen vieles zum Reichtum von München und Landshut beigetragen hätte.

---

[30] Flößerei auf der Isar im Internet

Joseph Stephan, Wirtshaus Zum grünen Baum

Floßlende München um 1760

Ab dem 19. Jahrhundert erleichterte eine Drahtseilfähre die Querung. 1904 wurde eine zweibogige Brücke eingeweiht. Sie war in der neuen Stahlbetonbauweise errichtet worden, hatte eine Spannweite von zweimal 70 Metern und stellte eine viel bewunderte Spitzenleistung der Technik dar.

Für die Benutzung musste man 1930 fünf Pfennige bezahlen. In den letzten Kriegstagen 1945 sprengte man die Brücke noch. 1949 wurde sie wiederaufgebaut. Seit 2000 ersetzt schließlich ein dem Original nachempfundener Neubau das denkmalgeschützte Bauwerk.

Den Kies als „Zuschlagstoff" für den Beton gewann man aus dem „Geschiebe" der Isar. Er wird in Kieswerken in die Größenfraktionen gesiebt und dann in geeigneten Mischverhältnissen unter Beifügung von Wasser und Zement zusammengefügt. Der Zement wird in „Ringöfen" unter großer Hitze aus Kalk gebrannt. Dabei entweichen große Mengen an Kohlendioxid - CO_2 -

umwelttechnische ein kaum lösbares Problem!

Die moderne Brücke

Die Jagd

Um 1500 legten die Herzöge zur Erleichterung der Jagd bei Grünwald einen Hirschpark an, in dem 600 Stück Hochwild lebten.[31] Der ganze Forst wurde 1575 mit einem Bann-

---

[31] Ried, H. (1936), S. 61

zaun umgeben, der bis 1913 erhalten blieb.

Es heißt im Rückblick: *„Im Mittelalter nahm der Adel mit dem ‚Jagdregal' den Bauern das Recht auf die freie Jagd. Die ohnehin geplagten Landleute mussten wochenlang Jagdscharwerk, Jagdfron, leisten: Treiberdienste, Fuhrdienste, Hundeführerdienste, Fangnetze aufstellen, ferner Jägern und Pferden Quartier einräumen, Hunde und Wagen stellen und Jagdhunde bei sich aufziehen. Den Bauern blieb nichts als ohnmächtig zuzusehen, wie die alles vernichtende „Wilde Jagd" über ihre erntereifen Felder stürmte".*[32]

---

[32] Radio Bayern 2, Juni 2015

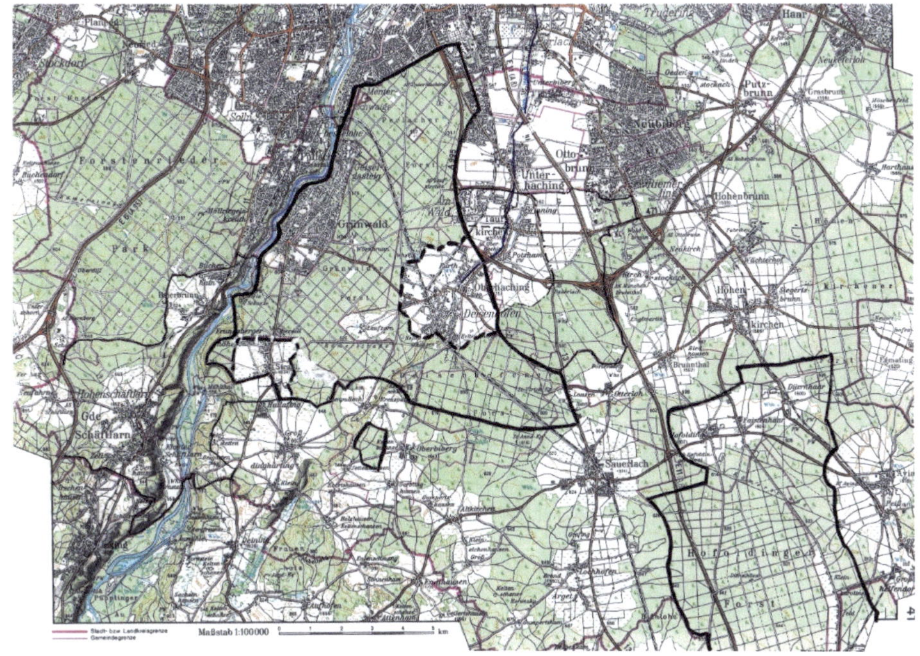

Die Hofmark Grünwald mit Hofolding

1567 wurde der Umfang der Hofmark Grünwald summarisch so beschrieben:

„Schloß und Dorff Grienwaldt auch Warn-
brunn ain Weyler unnd Dorff Hoffelding
samdt ainem Hoff zu Dingharting unnd
ainem Hoff zu Schallnkoffen alles ain

Hoffmarck und auch unnsern gnädigen
Fürsten und Herrn zugehörig."[33]

Dieser Fürst war damals Herzog Sigmund
(reg. 1460 – 1467). Er überließ seinem
Bruder Albrecht IV. (reg. 1465 – 1508) das
Regieren. Vertraglich sicherte er sich aber
den *„Besitz der Schlösser und Hofmarken*
Starnberg, Dachau, Nannhofen, Menzing mit
ihren Renten und Nutzungen, dazu Grün-
wald mit dem Wildbann auf beiden Seiten
der Isar, ferner [dort] die geistliche Lehen-
schaft und eine jährliche Apanage von 2750
Gulden".
Sigmund war ein Genießer und Lebemann.
„In der anmutigen Einsamkeit zu Grünwald

---

[33] Bay, Hauptstaatsarchiv, GL. Wolfratshausen 1

weilte er im Kreise von selbsterkorenen Freunden, Künstlern und schönen Frauen und verlebte, der Jagd, der Minne und der Tonkunst, in welcher er selbst Meister war, ergeben, frohe Stunden … Seinem Liebesverhältnis mit der Bürgerin Margareta Pfettendorfer entsprangen 2 Söhne Hans und Sigmund und die Tochter Margareta."[34]

In dem bereits von seinen Vorgängern angelegten Schlossgarten schuf er eine Menagerie seltener Vögel und anderer Tiere. Am Isarhang gestaltete er dazu einen Park, der verschiedenartiges, jagdbares Wild beherbergte.

---

[34] H. Ried, Chronik von Grünwald , München 1938, S.65

1568 erließ Herzog Albrecht V. (1528-1579) die für alle Wälder verbindliche *„Bayrische Vorstordnung"*. Wegen der Zunahme der Bevölkerung und steigendem Holzbedarf befürchtete man eine mögliche Holznot.

„Neben allgemeinen Bestimmungen … gibt es eine Anzahl von Artikeln, die auf die Reduzierung des Holzverbrauchs zielen. Dabei steht vor allem der Verbrauch von Bauholz im Fokus ... Der Holzeinschlag, die landwirtschaftlichen Nutzungen wie Weide-, Mast- und Streunutzung werden ebenso reglementiert, wie die gewerblichen vor-modernen Nutzungen wie die Gewinnung von Pech, Pottasche und Gerberlohe[35].

---

[35] Weinberger, E., Wademer, G. (2011), S. 62

In den knapp 100 Artikeln heißt es: *„das kainer mehr Viechs als er bey seinem gut uber Wintter aufbringen kan auff die gemain Waid schlagen soll". Und „das die Paurn mehrer Schwein nit als von alters her- kommen ist an den Dechel (die Schweine- mast im Wald) lassen."*

Um 1600 verloren die Herzöge ihr Interesse an der Burg. Dem Zeitgeist entsprechend ließen sie sich in Nymphenburg u. Schleiß- heim prachtvolle Schlösser errichten. Das Gebäude in Grünwald wurde ab Anfang des 17. Jahrhunderts nacheinander als Vieh- schwaige, Pulvermagazin und Gefängnis für Adelige verwendet.

1878 ersteigerte der Bildhauer Paul Zeiller aus München das Gemäuer für 10.600 Mark. Er eröffnete eine bis 1919 bestehende Ausstellung mit eigenhändig gefertigten Wachsfiguren und richtete Kostümfeste für die Münchner Boheme aus. Sein Sohn, Paul Zeiller d. J. ließ die Burg renovieren und Wohnungen einbauen.

1968 erwarb ein Immobilienhändler die Burg. 1977 schließlich kaufte sie der Bayerische Staat für die Archäologische Staatssammlung. Sie kann regelmäßig besichtigt werden.

Der allseits verehrte Künstler Karl Valentin war befreundet mit den Zeillers. Er wohnte aus Furcht vor den Bombenabwürfen auf München 1943 – 1945 im Schlosshotel. Er führte im Burghof vergebliche archäologische Grabungen durch. Angeregt durch den *genius loci* hatte Valentin 1939 das Theaterstück *Ritter Unkenstein* und das Lied von den alten Rittern verfasst.

Aus dem Dreißigjährigen Krieg (1618-1648) wird nur berichtet: Im Oktober 1634 starb der Förster Michael Kolb an der Pest. Die Dorfnachbarschaften des Hachinger Tales wendeten sich 1649 in einem Schreiben wegen schwerer Wildschäden an Kurfürst Maximilian. Täglich würden aus der Perlacher Haid 300 und von Grünwald her 200 Stück Wild durch die inzwischen baufälligen Zäune in die Saatfelder dringen.[36]

---

[36] Mooseder, G. (1990), S. 357

Das „Immobilieneigentum" verteilte sich 1671 in Grünwald so: Dem Herzog gehörten 26 Anwesen, „der Schlosskapelle" 4, der Dorfkirche 5, der Pfarrei Oberhaching das Mesnerhäusl. 3 Häusl waren im Eigentum von Kleinbauern.

1685 verklagte Herzog Max Philipp von Bayern (1638-1705) den Kooperator von Oberhaching beim Geistlichen Gericht in Freising, da er im *„Wilpan dene Füchs und Haasen nachstölle."*[37]

Trotz hoher Strafen erlebte die Wilderei im 19. Jahrhundert einen Höhepunkt: Von 1822 bis 1833 starben in Bayern 31 Wilddiebe und 6 Förster.[38]

---

[37] Hobmair, K. (1979), S. 553
[38] Schmöller, C., Volland, J. (2002), S. 65

Der Wildschütz

Ihre größte Blüte erlebte die adelige Jagd im 18. Jahrhundert im Zeitalter des Barock. Anstelle der mit kleinem Gefolge ausgeübten Pirsch (Fangjagd) zu Fuß oder zu Pferd trat immer mehr die Treibjagd.

Den Wald gliederte man mit einem System von Sternen und Schneisen. Die Jäger saßen dabei hinter Schirmen und ließen das

Wild durch die Schneisen auf sich zu treiben, die mit Fahnen und Lappen eingefasst
waren, es sollte kein Wild „durch die Lappen
gehen".

Heute ist der Wald (Gesamtfläche 75,8 km²)
dreigeteilt in den Grünwalder Forst
(gemeindefrei, 19,5 km²), den Perlacher
Forst (gemeindefrei, 13,3 km²) und den
Deisenhofener Forst (zu Oberhaching, 11,8
km²); das gibt zusammen noch 44,6 km².
Teile des Waldes wurden in landwirt-
schaftliche, Straßen- und Siedlungsflächen
umgewandelt.

Vorbereitungen zur Treibjagd

Die Fischerei

Seit dem 14. Jahrhundert ist in den kaiserlichen Belehnungsbriefen für die bayerisch-
en Herzöge von Wasserläufen und Fischerei
die Rede. 1528, 1553 und 1616 erließen die
Landesherren Fischordnungen, um das
Überfischen zu verhindern. 1852 und 1907

erschienen fischerfreundliche Wasser-
gesetze. Prinzregent Luitpold (reg. 1886 –
1912) erließ 1908 eine Novelle.

2008, genau 100 Jahre später, verab-
schiedete der Bayerische Landtag das
derzeit gültige Fischereigesetz.

Klaus Betlejwskyi, der Vorsitzende der
Münchner Isarfischer, erklärte 2024 der
Süddeutschen Zeitung, dass große Fische
(Barben, Nasen Eschen, Forellen und
Huchen mit Längen von 30 bis 80 Zenti-
meter) wenig Probleme mit Hochwasser
haben. Jungfische können sich dagegen
nicht in der Strömung halten, sie werden
mitgerissen zum Beispiel bis nach Landshut.
Die Fische fehlen dann bei München in den
nächsten Jahren und müssen durch zuge-

kaufte Jungfische ersetzt werden. Die realisierten und zukünftige Renaturierungsmaßnahmen können aber helfen.

Waldliebe

Vor genau 300 Jahren wurde in Ostpreußen Immanuel Kant (1724–1804) geboren. Er postulierte, dass die Freiheit des Menschen dort endet, wo die Sphäre des Nächsten beginnt. Heute wird an seiner Philosophie kritisiert, dass er behauptete, dass Eigentum, beispielsweise Waldbesitz unbegrenzte Rechte und Freiheiten begründe. Damals entstand in Deutschland die Bewegung der Romantik mit ihrer Rückschau und der Naturnähe. Sie etablierte eine starke emotionale Beziehung zum Wald und zur Natur insgesamt.

1850 begannen die Arbeiten, um der Isar ein „ordentliches", leicht instand zu haltendes, Bett zu geben. Um 1900 baute man einige Staustufen mit Turbinenanlagen zur Stromgewinnung in den Fluss.
Die Gefahren für die Natur erkennend, rief man 1902 auf Initiative des Architekten Gabriel von Seidl (1848 – 1913) den *Verein zur Erhaltung der Schönheiten des Isartales* ins Leben. Er bemüht sich bis heute um den Schutz des Tales und seiner Pflanzen und Tiere. Ebenso um die Instandhaltung von 300 Kilometern Waldwege.

Im Jahr 1901 wurde bei Berlin „*Der Wander-vogel*" gegründet. Die Mitglieder und Sympathisanten sangen:

„Aus grauer Städte Mauern zieh´n wir durch Wald und Feld,

wer bleibt der mag versauern, wir fahren in die Welt …

Der Wald ist uns`re Liebe, der Himmel unser Zelt,

ob heiter oder trübe wir fahren in die Welt".

Eher weltvergessen fand Ludwig Tieck (1773 – 1853) für ein Gedicht die Zeile:

„Die mich freut: Waldeinsamkeit."

Der Dichter Joseph von Eichendorff (1788 – 1857) entstammt einer oberschlesischen Offiziers- und Adelsfamilie. Er schuf zahlreiche naturromantische Gedichte, die vielfach vertont wurden.

In einem Lied heißt es:

„Was wir still gelobt im Wald,
Wollen´s draußen ehrlich halten,
Ewig bleiben treu die Alten:
Deutsch Panier, das rauschend walt,
Lebe wohl!
Schirm dich Gott, du schöner Wald!"

Hier wird das spezielle, innige Verhältnis der Deutschen zum Forst deutlich, das von unseren Nachbarn belächelt und mit leisem Spott versehen wird.

In Wien entstand um 1900 aus der Arbeiterbewegung heraus der Tourismus-Verband „Die Naturfreunde". Der Verband unterhält heute 700 Übernachtungshäuser in 40 Ländern. Er setzt sich ein für Naturschutz, demokratischen Sozialismus, sanften Tourismus, für Sport und Kultur.

Im 19ten und auch noch im 20ten Jahrhundert entstanden gezeichnete Allegorien mit der Isar in Gestalt einer schönen jungen Frau. Musikalische Huldigungen an den Fluss komponierten 1715 Pietro Torri und Pietro Sales, 1902 G. Landshammer und Quirin Amper. Josef Gungl gab 1860 Isar-Walzer für Klavier heraus.

Bally Prell (1922 – 1982) sang:

„Und wenn die Sonne und der blaue Himmel lacht
und über dir und deines Landes Pracht,
rauscht die Isar ihr uraltes Liedlein dazu:
Schön wie ein Märchen, mein München, bist du!"

Willy Michel (* 1950) besingt noch immer begeistert den Fluss und empfindet immer wieder *„das Isarflimmern mitten im Paradies".*

1914 begann ein schrecklicher Weltkrieg.
Die Folgen waren millionenfache Zerstörung
von Menschenleben, menschlichen Behaus-
ungen, von Tieren und Pflanzen.
Mitten im Krieg, 1916, gründete Freiherr
Carl von Tubeuf (1862 – 1941) mit Gleichge-
sinnten als ersten dieser Art in Deutschland
den *Bund Naturschutz in Bayern*.
Er verlangte am Königsee 20.000 ha unter
Schutz zu stellen. Nach krisenhaften Jahr-
zehnten und politischen Querelen gelang es
jedoch erst 1978 den *Nationalpark Berchtes-
gadener Alpen* mit dem Königsee einzu-
richten.

1939 entfesselte Deutschland unter Adolf
Hitler den Zweiten Weltkrieg.1945 folgte der

„*Stunde Null*", erstaunlich schnell ein „*Wirtschaftswunder*". Der Naturschutz hatte keine Priorität! Die Wälder mussten Heiz- und Brennmaterial liefern. Erst langsam begann die Versorgung mit Kohle und Briketts. Die Menschen hungerten. Wer einen Garten besaß, war privilegiert.

Die Menschen veranstalteten nach den Hungerjahren eine „*Fresswelle*". Man schlemmte mit Butterkremtorten und dem Gebäck „*Kalter Hund*" aus Schichten von Keksen und Schokolade. Einzelne bekamen „Gewichtsprobleme".

Die ersten schafften sich Autos an, viele den „VW-Käfer" oder einen Kleinwagen. Bundeskanzler Adenauer (1876 – 1967) gelang es für Deutschland wieder Vertrauen in den Nachbarländern zu schaffen.

Als Reparationen demontierten die Siegerstaaten bis 1949 Anlagen der Schwerindustrie im Ruhrgebiet. 1951 vereinbarten die mitteleuropäischen Länder als erste supranationale Organisation die *„Montanunion für Kohle und Stahl"*; ihr folgten die EWG und die EU.

Kaum von Krisen behindert stiegen bald die Wirtschaftsleistungen. Die Menschen arbeiteten 48 Stunden an 5 ½ Tagen pro Woche. Der Wohlstand wuchs.

Man stellte nach dem Krieg fest, dass in den steilen Alpentälern Hochwässer wachsende Schäden verursachten. Es wurde deutlich, dass der Hochwasserschutz bereits dort beginnen muss.

Schon 1954 gab es den ersten Alpenplan. Darin wurde der Wildbach-Verbau als wichtige Aufgabe der Gemeinden und des Staates zu Schutz der Siedlungen in den Tallagen erkannt. Bei Krün und später am Sylvenstein entstanden Stauseen zur Hoch-wasser- und Niedrigwasser-Regulierung.

1972 veröffentlichten Wissenschaftler des „*Club off Rome*" die Studie „*Die Grenzen des Wachstums*". Sie stellte das immer-während Wachstum der Wirtschaft infrage. Das Buch wurde in Deutschland vielbe-achtet und diskutiert. Man stellte der *Idee-des-immer-mehr* derjenigen der Nachhaltigkeit entgegen. Schon 1971 war aus ähnlichen Motiven in Kanada die Organisation Greenpeace entstanden.

In Deutschland formierte sich die Umwelt- und Friedensbewegung. Professor Konrad Lorenz (1903 – 1989) stellte in dem Buch „Die acht Todsünden der zivilisierten Menschheit" von 1973 fest: *„Es ist ein weitverbreiterter Irrglaube, dass die Natur unerschöpflich sei."* Er meinte aber auch: *„Die Gefahren der Überbevölkerung und der Wachstums-Ideologie werden von einer rasch wachsenden Zahl vernünftiger und verantwortlicher Menschen richtig eingeschätzt. Gegen die Verwüstung des Lebensraumes werden allenthalben Maßnahmen ergriffen, die zwar bei weitem* *nicht ausreichend sind, aber die Hoffnung erwecken, es bald zu werden."*

Die charismatische Politikerin Petra Kelly (1947 – 1992) schrieb: „*Große Teile unserer Lebensgrundlagen sind bereits zerstört, andere Teile sind aufgrund ausschließlich gewinn-orientierter unternehmerischer Entscheidungen ernsthaft bedroht. Am Ende wird das Wirtschaftssystem selbst die Grundlagen seiner Existenz zerstören … Wir müssen gemeinsam auf eine ökologische Wirtschaftsordnung hinarbeiten …*"

Papst Franziskus veröffentlichte 2015 die Enzyklika „*Laudato si*". Darin beklagt er die Wunden, die der Klimawandel der Menschheit zugefügt habe. Es müsse alles was möglich sei zum Schutz der Schöpfung unternommen werden.

Der Klimawandel wird unter anderem von der Zunahme der Kohlenstoffdioxyd-Emissionen (CO²) befeuert. Die Folge ist eine deutliche Erhöhung der weltweiten Durchschnittstemperaturen.

Im bayerischen Alpenvorland wurden bereits etliche Tiefbohrungen durchgeführt - so in Grünwald und Pullach - um das in 3000 bis 4000 Meter Tiefe vorhandene, umweltfreundliche Heißwasser zum Heizen von Gebäuden zu benutzen.

Im Juni 2024 offenbarten sich die Folgen des Klimawandels überdeutlich: In vielen Teilen Deutschlands gab es Hochwasserschäden, ein halbes Dutzend Menschen ertranken in den Fluten.

In Bayern werden noch immer täglich 12 Hektar Grünflächen versiegelt. Den Politkern fehlt der Mut, die notwendigen Schutzmaß-nahmen konsequent umzusetzen. Dabei häufen sich die *„Jahrhunderthochwässer".*

In anderen Erdteilen fehlt das Wasser: In Indien starben im Jahr 2024 Menschen bei bis zu 50 Grad Celsius Lufttemperatur wegen fehlendem Trinkwasser.

Auf den Philippinen und in Indonesien lösten Regenfälle Erdrutsche aus, die zahlreiche Menschen unter sich begruben.

Waldpflege

Um 1750 setzte Kritik an den prunkvollen Hofjagden ein, wegen ihrer hohen Kosten, den quälenden Jagdfronen und den Wildschäden. Es wird berichtet, dass um 1800 im Grünwalder Forst 3.500 Stück Hornvieh, 1.000 Pferde und mehrere hundert Schafe weideten. Wenn man die Zahl der Schafe mit 500 annimmt, fressen 5.000 Tiere in den *Ötzen,* den gemeinschaftlichen Viehweiden. Kurfürst Karl Theodor (1724-1799) schaffte daher 1778 die aufwändige *Französische Jägerei* ab.

1752 war schon auf Befehl des Kurfürsten Max III. Joseph (1727-1777) eine Forstkommission gebildet worden, die dem „*erbärmlichen Zustand*" (Schmöller-Volland) vieler Wälder durch Übernutzung Einhalt gebieten sollte.

Im Jahr 1774 wurde der Forst nach modernen, französischen Methoden vermessen und die äußere Grenze mit Marksteinen gesichert.

Neue Wege wurden angelegt, die den Forst bis heute in regelmäßige 400 x 400 Meter große Schläge einteilen. Kurfürst Karl Theodor ließ 1796 für die Förster eine Instruktion verkünden, um zu einer nachhaltigen Nutzung der Wälder zu kommen.

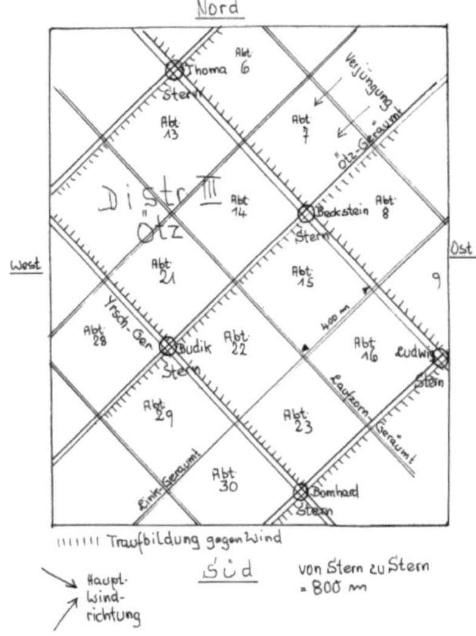

Einteilung der Schläge

König Ludwig I. (reg. 1825 - 1848) schrieb vor: *„In den Wildparken, worin Baum schabendes Wild befunden wird, soll dieses nach und nach weggeschossen werden."*

Im Jahr 1784 veröffentlichen die Brüder Johann und Karl Ludwig von Pigenot ihren *„Plan des Churfürstlichen Grünwalder-*

Forstes".[39] Der Wald umfasste 22.300 TW oder 75.8 km². Er reicht von der Grenze Münchens beim Waldhaus am Ende der Säbener Straße in München bis nach Sauerlach. Der Holzbestand jedes Gewanns wurde im Begleittext des Planes genau beschrieben.

Professor Matthias von Schilcher fertigte 1797 noch eine *„Beschreibung des churfürstlichen Grünwalder Forstes"* an. Während der Säkularisation mussten 1803 die Augustiner Chorherren das Kloster Dietramszell verlassen. Bei der Versteigerung erwarb Matthias von Schilcher grundbuchamtlich große Teile der Kloster-

---

[39] Pigenot, J., Pigenot, K., (1784) Plan des Churfüstlichen Grünwalder-Forstes

gebäude dazu Sonnen- und Nordhof, Ziegelei, Kalkofen, Brauerei und Schänke. Außerdem 2200 Tagwerk Wald und 487 Tagwerk Acker- und Weideland.[40]

„Superminister" Graf von Montgelas (1759-1838) reorganisierte 1803 die Forstverwaltung mit der Bestellung von Forstinspektoren, Oberförstern und Revierförstern. Zugunsten der maroden Staatskasse verkaufte man bayernweit 19.000 Hektar Wald[41], meist aus säkularisiertem Klosterbesitz.

Nach ersten Misserfolgen wurde die Aufforstung ab 1835 mit Fichten und Kiefern fürs erste erfolgreich betrieben.[42] Laut einem

---

[40] Geschichte der Gemeinde Dietramszell, Urban Treutlein, Leben und Werk der Gebrüder Schilcher – ihre Bedeutung für die Forstwirtschaft, München 1989
[41] Schmöller, C., Volland, J. (2002), S. 21
[42] Schmöller, C., Volland, J. (2002), S. 20

kurfürstlichen Mandat von 1805 konnten die Waldbesitzer 1 TW Wald erwerben bei Verzicht auf „1 Klafter Rechte (Waldweide, Streulese)".

1891 wurden in München für die 250.000 Einwohner rund 206.000 Kubikmeter Holz als Brenn- oder Nutzholz benötigt.[43]

Im 18. Jahrhundert gab es in Bayern noch die Leibeigenschaft. 1750 freit der Försterssohn Peter Paul Streidl, der einen Hof „auf Leibrecht" besitzt, um die Hand der Anna Rampold. Er stößt sich aber an ihrer Leibeigenschaft. Sie reichte daher bei der churfürstlichen Hofkammer ein Gesuch ein, sie daraus zu entlassen. Der Hofkastner em-

---

[43] Ausstellungskatalog WaldGeschichten, München 2011, S. 55

pfahl nach Prüfung des Falles, dem Ersuchen gegen Zahlung eines Handgeldes von 40 Gulden nachzukommen. Churfürst Max. III. Joseph (reg.1745-1777) gewährte die Bitte.[44]

Das Frankfurter Paulskirchen-Parlament beschloss 1848 das „Jagdregal" aufzuheben und das Recht den Besitzern der Wald- und Feldgrundstücke zu geben. Die Folge waren jagdliche Exzesse.

1850 gab sich das Königreich Bayern ein einheitliches Jagdgesetz[45], das den Raubbau stoppte: Es wurde die Revierordnung eingeführt, die eine Mindestreviergröße vorschrieb.

---

[44] Josef Brückl Grünwalder Chronik, Vereinigung der Freunde Grünwalds 1987
[45] Schmöller, C., Volland, J. (2002), S. 64

Unter dem Chef der Staatsforstverwaltung, August Ganghofer (1827-1900), Vater des Schriftstellers Ludwig Ganghofer (1855-1920), wurde 1885 die Staatsforstverwaltung reorganisiert. Die Größe der Forstamtsbezirke verkleinerte man auf 4.000 Hektar.

Um jene Zeit begann man Strom aus Wasserkraft zu gewinnen. Man errichtete bei Höllriegelskreuth ein Wasserkraftwerk, Es wurde 1894 von der „Isarwerke GmbH" in Betrieb genommen.

20. Jahrhundert

Während der beiden Weltkriege entstand ein enormer Holzbedarf. Nach 1939 lag der Einschlag in Bayern um 50 Prozent über der normalen Nutzung, nach 1945 wurden hier in einem Jahr 13 Millionen Festmeter eingeschlagen, während es heute etwa 5 Millionen Festmeter sind. Gegenwärtig ist noch rund ein Drittel Bayerns mit Wald bedeckt. 30 Prozent der rund 2,5 Millionen Hektar Wald befinden sich in Staatsbesitz.[46]

Das Dorf Grünwald blieb bis 1900 eine Gemeinde von Bauern und Tagelöhnern. Erst die neue Isarbrücke 1903 und der Trambahnanschluss an München im Jahr 1910 löste die Entwicklung Grünwalds zu einer der reichsten und angesehensten Gemeinden in Deutschland aus. 1900 hatte die 1897 gegründete Heilmann´sche

---

[46] Weinberger, E., Waldemer, G. (2011): Das „hölzerne" Zeitalter, WaldGeschichten, Forst und Jagd in Bayern 811-2011, S. 118

Immobiliengesellschaft die Schweige Geiselgasteig erfolgreich als Baugebiet für repräsentative Villen erschlossen.

Nach dem verlorenen Weltkrieg fegten am 7.11.1918 Soldaten und Arbeiter die bayrische Monarchie hinweg. Kurt Eisner wurde der erste Ministerpräsident des *Freistaates* (Republik) Bayerns.
Am 25. November entstand in Grünwald auf Initiative des Christlichen Bauernvereins eine Bürgerwehr zur Abwehr der Münchner Revolutionäre. Die konservative Truppe stellte ein Gesuch um Waffen an das Bezirksamt München und erhielt 45 Gewehre.
Am 11.12.1918 fand dann aber nach den neuen Regeln des Freistaates die Wahl

eines Arbeiter- und Soldatenrates statt, der die Bürgerwehr ersetzte.

Nach der Ermordung des Ministerpräsidenten Kurt Eisner im Februar 1919 übernahm eine neugegründete revolutionäre Arbeiterwehr die Waffen. Der Staatskommissar für Demobilmachung, Arnold Wadler (Rechtsanwalt, USPD), schreibt am 3.4.1919: *„Die Gemeindeverwaltung in Grünwald wird ermächtigt, im Benehmen mit dem dortigen Arbeiterrat die verfügbaren Wohnhäuser (Doppel-Wohnungen, leerstehende Villen usw.) zur Behebung der Wohnungsnot zu beschlagnahmen."*[47]

Am 24. Dezember 1919 wählt der Gemeinderat eine fünfköpfige Wohnungs-

---

[47] Gemeindearchiv Grünwald, Brief: Staatskommissar für Demobilmachung an Gem Grünwald vom 3.4.1919

kommission. Als erstes Mitglied des Gremiums wird der *„Schlossgutbesitzer"* Paul Zeiller aufgelistet. Einzelne Teilnehmer werden am 18.1.1919 und am 1.2.1919 ausgetauscht.[48]

Am 19. April wurde der Verwalter des Gutes Laufzorn Christian Hack von der *Roten Armee, Sektion Giesing* für eine Stunde festgesetzt. Am nächsten Morgen erschienen 15 bewaffnete Rotarmisten und requirierten 300 Eier und andere Lebensmittel.[49]

Am 24.4.1919 kämpften Kräfte der Roten Armee in Deisenhofen und Laufzorn gegen rechtsgerichteten *„Regierungstruppen"*.[50]

---

[48] Gemeindearchiv Grünwald, Beschlussbuch des Gemeinderates vom 18.1. und vom 1.2.1919
[49] Polizeiniederschrift vom 21. April 1919, Gemeindearchiv Grünwald (?)
[50] StA München, Staw 1994, Urteil des Standrechtlichen Gerichtes München vom 5.7.1919 gegen Josef Faust

Vom 24. bis zum 30. April 1919 war Grünwald von Einheiten der Roten Garden und der Roten Armee besetzt, die mit leichten Kanonen und Maschinengewehren bewaffnet waren. Im Dienstzimmer der Gendarmerie waren ständig zwei Revolutionären anwesend, die mit dem Oberkommando (Abschnittskommandant Vizefeldwebel Franz Schenk) in telegraphischer Verbindung standen.[51]

Heinrich Hoffmann,
Freikorps Werdenfels, Mai 1919

---

[51] Gemeindearchiv Grünwald, Bericht der Gendarmeriestation Grünwald vom 2.7.1919

Am 1. Mai 1919 übernachtete das rechtsradikale Freikorps Schwaben unter Oberst Ritter von Pitrof im Dorf. Am gleichen Tag zog das gleichfalls für sein brutales Vorgehen bekannte Bayerische Schützenkorps, nach seinem Führer auch Freikorps Epp genannt, auf seinem Weg nach München durch die Gemeinde. Angehörige der radikalen Soldateska erschossen kurzerhand den Feinmechaniker Höpfl und einen Mann aus Stasslach. Beide waren als „Spartakisten" denunziert worden.[52]

Die Freikorps beendeten grausam die im November 1918 mit dem friedlich vollzogenen Sturz der Monarchie aufkeimenden Hoffnungen auf Demokratie und Freiheit.

---

[52] Günter Baumgartner, Dietrich Grund, Die bayerische Revolution 1918/19 in Stadt & Land, S. 382

1919/20 wurde in Grünwald im Auftrag der Stuart-Webbs-Film-Company eine Filmstätte errichtet. Die Orbis-Film-AG Berlin-München übernahm 1922 das Atelier samt Außengelände. 1922/23 wurde hier der Film *„Das Wirtshaus im Spessart/ Das kalte Herz"* produziert. 1926 zerstört ein Großbrand das Gebäude.

Danach entstanden in Grünwald die Filmstudios Orbis AG und MLK (Emelka).

Daraus entwickelte sich ab 1932 die Bavaria Film AG, das deutsche Hollywood.

Was erlebte Grünwald im *„Dritten Reich"*? Auch die Nazigrößen fanden Gefallen an dem Dorf. Franz Xaver Schwarz, ab 1925 Herr über die Finanzen der NSDAP, lebte

hier gern in seinem Haus, das einen Luft-
schutzbunker besaß.

1933 hatte Grünwald 1477 Einwohner. Bei
der Reichstagswahl am 5. März 1933 ent-
schieden sich die Wähler zu 48,8 % für die
NSDAP, 23,4 % wählten die Bayerische
Volkspartei, 13 % die Kampfront Schwarz-
Weis-Rot, 7,8 SPD und 3,5 KPD.[53]

In der Gemeinde lebten 13 Juden (Hella
Neusiedl-Hub). Zum Schicksal der drei
Schwestern Hirsch heißt es, dass sie ihr
Anwesen in München wegen der *„Juden-
Vermögensabgabe"* verkauften und in ihr
Gartenhaus in Grünwald zogen.

---

[53] Manred Bialucha, Streiflichter in eine dunkle Zeit […], München 1979, S. 13

Als ihnen Verhaftung drohte, versuchten sie sich umzubringen. Zwei der Frauen starben durch Selbstmord, eine wurde 1942 in einer Tötungsanstalt ermordet.

Der bekannte Juwelier Eduard Schöpflich war 1933 gestorben. Seinen Kindern gelang rechtzeitig die Flucht ins Ausland.

SA-Männer schlugen 1933 den Arzt und freiwilligen Kriegsteilnehmer Kurt Rosenmayer blutig. Der Gemeinderat bedauerte den Vorfall und der Doktor setze bald seine Tätigkeit fort. Da die Hetze gegen Juden jedoch zunahm, floh Rosenmayer 1936 in die USA.

Der Arzt Thomas Max beteiligte sich Ende April 1945 an der Freiheitsaktion Bayern

(FAB). Man verhaftete führende örtliche Nationalsozialisten. Aus Rache wurde Max am 28.4.1945 von einem Hitler-Anhänger vor dem Rathaus erschossen.[54]

Ebenfalls Ende April 1945 ging ein sog. Todesmarsch von KZ-Häftlingen, wohl vom Agfa-Werk in München kommend, durch Grünwald in Richtung Bad Tölz.

Am 8. Mai 1945 kapitulierte Deutschland. Amerikanische Truppen hatten am 30. April bereits München und Umgebung besetzt. Sie entfernten die *„Nazis"* aus den Rathäusern. In Grünwald besetzten sie die komfortabelsten Villen und zwangen die Bewohner rigoros zum sofortigen Auszug.

---

[54] Gedenksäule am Rathaus

Die Schauspielerin Senta Berger übergab jüngst dem Gemeindearchiv ein Schild, das sie auf ihrem Dachboden gefunden hatte. Darauf stand: *„Betreten streng verboten - Off Limitts".*
Bald nach Kriegsende strömten Flüchtlinge in den Landkreis München. Zwischen 1946 und 1954 stieg die Zahl der Einwohner um etwa 25.000 Personen an.[55]

Grund- und Oberflächenwässer sind begrenzte Ressourcen. Im bayerischen Landesentwicklungsplan von 1979 und dem deutschen Wasserhaushaltsgesetz von 1980 wurde der Rahmen für die vielfachen Wassernutzungen abgesteckt. Für die

---

[55] Landkreis München, Katalog zur Ausstellung Stadt Land Fluss […], München 2012, S. 30

Einzelgewässer haben dann die Fachbe-
hörden Planungen vorgenommen, um den
Bedarf an Trinkwasser für Industrie, Landwirtschaft und Bürger sicherzustellen.
Außerdem mussten Maßnahmen konzipiert
werden, um Gewässerbelastungen durch
Einleitungen aus Kanalisationen, Dünger-
einträge und Industrieprozessen zu mini-
mieren. Moderne Kläranlagen und Be-
schränkungen beim Düngereinsatz in der
Landwirtschaft sorgten nach und nach für
die Verbesserung der Gewässer-Qualität.

Anfang Juni 2024 verursachten langan-
dauernde Regenfälle mit einer Regenmenge
von 110 l/m² in 24 Stunden für Über-
schwemmungskatastrophen in großen Teilen

Süddeutschlands. Die Regenmenge entspricht etwa einem Niederschlag mit 150jähriger Häufigkeit.
Autobahn- und Eisenbahnstrecken waren tagelang blockiert. In Süddeutschland registrierten allein die Versicherungen Schäden von 2,5 Milliarden €.
Sechs Menschen verloren ihr Leben.

Aufgrund des Klimawandels muss mit häufigeren und stärkeren Regen gerechnet werden. Zur Abhilfe ist es erforderlich, an den Flüssen zusätzliche Retentionsräume durch Rückverlegung von Deichen und Bau von Poldern zu schaffen und weitere Fluss-abschnitte zu renaturieren.

Literatur

BACHMANN, H. (1979): Ritter Konrad Kummersbrucker, Tiroler Heimat 43/44, Insbruck Bavarikon.de/objekt/bav: LVG-HTD-00000WENINGM25

BayHStA (1784): Plan 4525, Plan des Churfürstlichen Grünwalder-Forstes.

Bay. Staatsministerium für Landesentwicklung und Umweltfragen (1980), Isarplan.

DIEPOLDER, G. (1988): Grundzüge der Siedlungsstruktur, Landesausstellung Die Bajuwaren, Freistaat Bayern, Land Salzburg, München, Salzburg.

FREUNDE der Bayerischen Staatssammlung für Paläontologie und historische Geologie (1978): Sand, Kies und Knochen, Aus Münchens Erdgeschichte, München, S. 4.

Flößerei: Historisches Lexikon Bayerns

Flößerei: httpsde.wikipedia.org/wiki/Flößerei auf der Isar.

HOBMAIR, K. (1979): Hachinger Heimatbuch, Kath. Pfarramt Oberhaching, Oberh. S. 553.

Kelly, Petra (1990): Mit dem Herzen denken, C. H. Beck, München.

Kreuzer, Renate (2015) Email-Nachricht zum Waldzustand.

KUNY, W. (2022): DIE GESCHICHTE DER SEEL-SORGE IN GRÜNWALD.

LORENZ, K. (1973), DIE ACHT TODSÜNDEN DER ZIVILISIERTEN MENSCHHEIT, VERLAG R. PIPER & CO, MÜNCHEN.

MONUMENTA BOICA 6, Kloster Tegernsee, KL 33, S.348.

MOOSEDER, G. (1990): 1200 Jahre Perlach, Festring Perlach e. V., Mü. S. 348, 356, 357.

CAROLA METZNER-NEBELSICK (2016), EINBLICKE IN DIE VORGESCHICHTE GRÜNWALDS

PIGENOT, J., PIGENOT, K. (1784) Plan des Churfüstl.Grünwalder-Forstes, https://bavarikon.de/ objekt/bav: LVG-HTD-00000WENINGM2518

MARIE-LOUISE PLESSEN (1983), DIE ISAR, EIN LEBENSLAUF.AUSSTELLUNGSKATALOG HUGENDUBEL VERLAG, MÜNCHEN.

RIED,H. (1938): Chronik von Grünwald, Eigenverlag des Autors, Grünwald, S. 61.

SCHMÖLLER, C., VOLLAND, J. (2002): Bayerns Wälder, 250 Jahre Bayerische Staatsforstverwaltung, Haus der Bayer. Geschichte, Augsburg.

VOLLAND, J. (2012): Der Forstenrieder Park, München Verlag, München.

WEINBERGER, E., WALDERMER, (2011): Das „hölzerne" Zeitalter.

Generaldirektion der Staatlichen Archive Bayerns, München (2011),WaldGeschichten, Forst und Jagd in Bayern 811-2011.

Bildnachweis

S. 3 Carola Metzner-Nebelsick (Hg.), Einblicke in die Vorgeschichte Grünwalds, Mü. 2016

S. 22 Johann Georg von Dillis 1793

S.36 Michael Wening, Schloss Grünwald 1700

S. 54 Philipp Trog, Grünwald um 1790

S. 56 Josef Stephan, Wirtshaus Zum grünen Baum, Floßlende München um 1760

Die Übrigen: der Verfasser oder gemeinfrei